Aschenputtel
Gedichtsammlung

© 2025 D. Ommert
Verlag: BoD · Books on Demand GmbH,
Überseering 33, 22297 Hamburg,
bod@bod.de
Druck: Libri Plureos GmbH,
Friedensallee 273, 22763 Hamburg
ISBN: 978-3-7693-7678-4

berichtigte 3. Auflage 2025

Côte d'Azur

Auf der Straße flimmert die Luft
überhitzt doch unendlich beruhigend
mich erfasst ihr fliederblauer Duft
voll Freiheit und ursprünglicher Kraft
Das Meer spielt mit spiegelnden Flaggen
gelb strahlt Sonne in den Tag
die Welt träumt in farbigen Schatten
voll Glück in natürlicher Pracht
Weit weg ist die Welt des Strebens
nur der Augenblick hat Gewicht
denn hier ist die Welt des Erlebens
voll Liebe zu lebendiger Nacht

Bunte Lichter im Osten

Endlich fahren die schönen Wagen
wie frisches Blut in grauen Adern
ganz bunt zwischen blassen Fassaden
der Architektur in sozialen Quadern
Der Traum vom Westen ist Realität
das Leben von gestern im Nebel
nach dem Erwachen ist es zu spät
die Zeit bewegt Uhren und Hebel
Sehnsucht nach der verlorenen Welt
enttäuscht und betrogen vom Schein
denn hier zählt nur Leistung und Geld
und nicht etwa menschliches Sein
Wie war das Leben in der DDR
beschaulich wie ein bewölkter Morgen
ein trüber Teich, nicht das raue Meer
friedliches Dümpeln in kleinen Sorgen
Die Werte, die im Strudel versanken
kehren zurück mit der Flut
im Strom neuer Gedanken
schwimmt sozialistische Glut
Arbeiter und Bauern in Mauern
sind nicht das Paradies dieser Welt
es ist wirklich nicht zu bedauern
was im Schein bunter Lichter zerfällt

Septembersonne

Nichts war ihr anzumerken
die Hand ruhte auf ihrem rechten Bein
seine Hand ergriff ihre, um sie zu spüren
sie zeigte keine Reaktion
Und doch, er glaubt zu bemerken
im Inneren, ohne es zu sagen
bewundernswert leise entflammt
brennen bunte Wunderkerzen
Ohne einen Funken zu zeigen
trägt sie einen Schutz um ihr Herz
warmes Feuer im weißen Winter
wie eine brennende Rose im Schnee
In ihrer unnahbaren Erscheinung
die nicht nur eine schöne Frau ist
viel mehr, sie ist schnell, sie ist schlau
sie ist mutig und sie ist nachdenklich
Bisher hat sie alles geschafft, allein
sie ist einsam, braucht Schutz und Hilfe
niemand weiß das, niemand glaubt das
niemand erkennt, dass sie Liebe sucht

Bubble Gum

Sie lebte in Farben
wurde auf Händen getragen
gab es auch zwei
zackig kocht ein Ei
Aus der Traum
vom Entenflaume
mutig schlug das Herz
traurig brennt der Nerz

aber
trotzdem
manchmal

Fußball
Balkon
Side-Step

Abschiednahme

Der Beschluss ist gefasst
zwei einfach, Farben
Weiß und Schwarz
gehen aus der Bahn
Getragen bleibt einiges
ohne Verdacht ringen
für Erdstation Engel 07
haben wir alles getan
Fehlt nun etwas
den Mächten zugetan
gegen eitlen Schein
versteht sich ein Gut
Beflissenheit hilft mir
über den elenden Weg
zur anderen Frequenz
föhnt ein Neuer sein Haar
Bunter geht nichts mehr
hier kreidet man viel
Knoten lösen sich
in schwarzer Magie

Weiße Mohrenköpfe

Der Rabe pickt im schwarzen Ast
kleine Äpfel fallen noch
Haut erfrischt
auf weiße Mohrenköpfe
ist Licht am Himmel
nach gelbem Haus
wo Klassenhalt ruhte

23

Hallo ihr Lieben
wie geht's euch morgen
war nicht gestern
meine Einladung
Vergeht im Wind
alle Blätter wirbeln
unter der roten
Sonne der Einfalt
Gräten am Tag
Arbeit für x Euro
kommt in Frage
Nachos fahren vor
Am Olymp turnen
Knospenwelt tagt
Boxenheld quakt
einsam Schwarz
Schergengeld blüht
vertane Zeit
ändert Fahne
in Schwarz-Rot-Gold

Spaziergang

In schnellem Schritt
gelingt's nochmal
ein kurzer Blick
der Vogel am Weg
tot

Halloween

Auf dem Grunde der Erde
steht eine Arena
dort üben die jungen
Leute Hip-Hop
Sie tanzen im Regen
erschrecken sich im Schein
im Schatten der drehenden
Gestalten bleiben stumm
Aus den Feldern eilen
näher nahen sie herbei
wogende Felder durchzecht
erscheinen sie uns nur so
Bei den Tanzenden ist Platz
sie berühren sich gleich
geben alles für den Moment
in dem ein anderer spielt

Metrapolis

Gestützt auf Bogen aus Brückengerüst
liegt das Bahnnetz aus stählernen Gleisen
schnell laufen Züge im Bahnhof am Zoo
ziehen schnell wie Magneten an Eisen
Als Ausgleich fließt Wasser in Blau
zwischen Straßen voll Mann und voll Frau
den Puls des Lebens der herzlichen Fee
durchkreuzen schnittig Havel und Spree
Feiert Geschichte nach zweimal Betrug
mit Liebe und Freiheit im menschlichen Zug
an der Grenze verhallten die Schüsse
nun gibt's zerbrechliche Küsse ...

bunt wie Glas

La conduite

A la veille du jour
qui ne vit
seul les cheveux
restent debout
ne l'aborde
jamais ne s'agace
poème triste
attends le moment
de ta naissance
nulle part
ta conduite
a souffert
depuis hier

Einstellung Wanzenhandel

Verdammte Sehnsucht nach Liebe
bedrängt ein alter Laster Siebe
jenen sei mithin selige Ruh
Theater umgibt den finalen Schuh
Gehen alle morgen in die Krippe
verdreht unsereins jegliche Plage
ergeht in Wellen eine Aufrufstrippe
extern blecht maue Bärenauslage
Erlasst das Seil fremder Granden
vergebt meiner Weihen Schande
grabt euer unberührtes Bandeln
Beim Trachten verschont die Ranzen
erwartet Mehrung aus Handeln
tretet immer neben drängende Wanzen

La Lotus bleue

Je la veux
instantanément
encore une fois
de retour
la brillante
concierge
de math
du latin
des siècles
ni faute ni raison
en noir

Ultraviolett

Vogelschwärme schwirren
Wind und Farben spielen
durcheinander zielen
Flügel in den blauen Schirm
Zwei Vögel mit schwarzen Federn
tragen Schwingen schnell
Wasser glitzert sonnenhell
auf nächtlichblauen Wolkenrädern
Spüren wir die sanfte Luft
den Widerstand des Nichts
gegen fremde Kräfte vereint
ergeben uns dem Duft der Freiheit

Septembergedicht

Leber zur Sonne wenden
wärmt müde Lenden
zwei Flügel aus … geboren
einsam tatenlos verloren

Jawoll

Kik, Penny, Mörder
Edeka Herkules
18

La vitrine intelligente

Argile, amère et âpre
trois mots crûment sucrés
qui restent encore stables
connectés au vert des prés
La caisse de la poupée noire
sur la vermine du sol
dans le champ de bataille
a dû avoir sommeil
Ressemble à toutes ses sœurs
de la rue assaillante
qui clochent de terreur
sous le poids de poids lourds
Même pas le goût des agrumes
qui paraît de modèle passager
ne va gêner quelques gens de Cité
aux alentours des barrages

Cold Space

Escape Velocity Luna
Escape Velocity Terra
Sputnik Voyager
Chrysler Le Baron Neon
Parachute Parasol
Chrysler Le Baron Neon
Nonpareilles
Escape Nonpareilles ...

Bone sun dream

Nichts mehr

Da ist nichts mehr
wo früher war
morgen wieder
kleine Schirme
unter vielen Blumen
der am Morgen vergeht
Wenn viele Lichter brennen
und alle zu Mittag essen
unter selbigem Geist
kehren meine eiligen Städter
zurück über Schleifenbunt
Zu letzter Ruhe ein helles Gelb
verblüht in Städten der Segen
am gestrigen Tag

Le motif

Claquement monsieur
calmement éliminé
établi jaune

nouveau
moine le laisse
va
va
tombe -

Äquivalenz

Dein Körper liegt lebendig heiß
entspannt im kühlen Winterweiß
Blut tropft langsam in den Schnee
viel zu vielleicht für eine kleine Fee
Liege friedlich neben blondem Haar
frag mich, ob ich glücklich war
sag dir mit Schmerz und ohne Lügen
zogst durch ein Herz mit Eisenpflügen
Der Main gießt, fließt, rinnt entlang
Schlaglicht der Vereinigung in Bild
deine Schwäche macht dich bang
pulsschnell flattern Flügel wild
Weiße Zähne glänzen elfenfein
Lippen schließen den Kontakt
sanfter Strom zieht mich hinein – ins Rot
zwischen Beine schlank und nackt
Eine Träne fällt beinah auf dein Gesicht
verrat mich bitte, bitte nicht
denn Lust ist das nicht mehr allein
Liebe dringt wie Licht durch Edelstein

Gedichtliste	Jahresangabe
Abschiednahme	2015
Bubble Gum	2023
23	2015
Weiße Mohrenköpfe	2016
Côte d'Azur	1994
Bunte Lichter im Osten	1996
Metrapolis	2000
Äquivalenz	2001
Le motif	2017
Septembersonne	2000
Einstellung Wanzenhandel	2023
Halloween	2006
Cold Space	2023
La conduite	2019
Ultraviolett	2002
Septembergedicht	2019
Jawoll	2019
Nichts mehr	2020
La vitrine intelligente	2022
Spaziergang	2015
La Lotus bleue	2020